M. THIERS
SAUVERA
LA FRANCE

PARIS

LACHAUD et BURDIN

LIBRAIRES-ÉDITEURS

4, PLACE DU THÉATRE-FRANÇAIS, 4

1873

Tous droits réservés

M. THIERS

SAUVERA

LA FRANCE

I

Il est impossible que les membres de l'Assemblée nationale, exclusivement préoccupés du sort de la France, et se rendant compte maintenant de la gravité du péril auquel l'ont exposée les auteurs du vingt-quatre mai, ne tournent pas de nouveau les yeux, au moment suprême, vers le seul homme capable de la sauver.

C'est uniquement de leur patriotisme et de leur bon sens qu'il dépend aujourd'hui d'arracher la France au péril qu'elle court, en reconnaissant, avec le pays, que, depuis nos malheurs, M. Thiers est le seul de tous ses rivaux qui se soit élevé au-dessus des passions comme des intérêts de parti, et en le rappelant à la direction des affaires publiques par un vote réparateur.

Si ce vote n'a pas lieu ; si, malgré l'échec probable de la coalition prétendue monarchique, et contre le vœu du pays, les destinées de la France sont confiées encore à d'autres mains qu'aux mains de M. Thiers jusqu'aux prochaines élections, le péril restera le même, car le recours au pays demeurera impossible dans les conditions d'impartialité qui peuvent seules le rendre efficace.

Où serait, en effet, le salut, s'il ne devait résulter du renouvellement pacifique de l'Assemblée nationale, s'opérant au sein du calme qu'ont troublé les violateurs de la trêve, patriotiquement maintenue par M. Thiers entre les partis, avec la ferme résolution d'entourer le recours au pays de toutes les garanties de sincérité, sans lesquels il ne saurait être décisif ?

Or, nul autre que M. Thiers n'est capable aujourd'hui de nous rendre ce calme, et de ramener à l'Assemblée la confiance du pays que les meneurs de la coalition en ont écarté. En se reconciliant avec M. Thiers, c'est avec la France que la majorité se reconcilie.

II

Les membres de l'Assemblée nationale, sur le patriotisme et le bon sens desquels repose désormais l'avenir de l'ordre occidental, ont pu croire, le [vingt-quatre mai, que le maréchal de Mac-Mahon n'ambitionnerait pas d'autre tâche que celle de maintenir entre tous les partis la balance égale. Ils doivent avoir malheureusement reconnu depuis qu'il eût fallu, pour la remplir, en avoir puisé la force ailleurs que dans le choix ambigu d'une coalition victorieuse par surprise.

Et le mot surprise est le seul capable de traduire exactement, à ce propos, la pensée des députés que nous tenons le plus à convaincre de l'influence décisive des déterminations prochaines de l'Assemblée nationale sur l'avenir de notre malheureuse France.

Pas un de ces députés ne se fût associé, en effet, aux votes enlevés par M. Buffet, s'ils avaient été prévenus qu'on entendait exploiter ces votes au profit d'une intrigue plus menaçante pour le pays que ne le serait un retour de la Commune.

M. Target lui même n'eût pas osé acquérir publiquement à ce prix l'ambassade qui lui a permis d'apprécier, par l'accueil qu'il a reçu du roi et de la reine de Hollande, l'estime que réservent les Cours européennes aux auteurs de certains actes.

N'ayant pu abandonner M. Thiers qu'en affirmant la République, nous nous demandons encore, à l'heure présente, comment M. Target pourra jamais voter la monarchie, après avoir aussi solennellement motivé le vote fatal qui a livré le pays à la coalition, sous la condition expresse et ratifiée par le nouveau chef du pouvoir que la République serait organisée.

Nous sommes également convaincu que ni M. Magne, ni M. Descilligny, ni M. Beulé, ni M. Batbie lui-même, conservateurs avant tout, ne se fussent associés au vingt-quatre mai, s'ils avaient pu prévoir que leur présence dans le nouveau Cabinet aurait uniquement pour résultat de couvrir des manœuvres indignes d'eux, et réprouvées d'avance autant par leurs antécédents que par leur bonne foi.

Le wagon réservé qui ramena dernièrement de Versailles M. Rouher et M. Beulé en sait, sur tout cela, plus que nous, pour l'honneur de l'actuel ministre de l'intérieur et des hommes dont il partage les scrupules. Etre l'historien des Césars n'engage pas à devenir le complice des Jugurtha.

Quant au maréchal de Mac-Mahon, sa situation est encore plus délicate.

III

Ayant conquis son titre de Duc, en contribuant, par une obéissance impérialement récompensée, à la création d'un royaume dont ses ministres veulent que la France ne tienne plus compte, le maréchal de Mac-Mahon a eu le bonheur d'échapper aux conséquences morales de nos premières défaites, bien que ce soit lui qui les ait causées ; et c'est au moment où il allait devoir inévitablement endosser la responsabilité de la moins glorieuse de toutes, qu'il a dû encore au hasard d'être contraint d'en laisser à d'autres la funeste renommée.

Lorsque les conséquences de ces désastres ont placé l'armée dans l'horrible nécessité de réprimer un délire, dont l'Histoire absoudra les victimes, le maréchal de Mac-Mahon a eu la chance nouvelle d'être couvert par l'unique individualité qui pouvait encore retirer à la lutte le caractère qu'elle aurait eu sous tout autre gouvernement que celui de M. Thiers ; et si, après avoir signifié aux électeurs parisiens sa résolution de demeurer étranger à la politique, le maréchal de Mac-Mahon a prouvé sa reconnaissance à cette individualité en prenant sa place, c'est qu'il ignorait, à coup sûr, ce que les coalisés méditaient de faire, à l'abri de sa parole d'honneur.

Mais cette parole d'honneur, le maréchal de Mac-Mahon l'a donnée ; et il ne dépend pas cette fois du hasard de le dégager de la responsabilité qu'elle implique. Ce sont les Mac-Mahon et non les de Castries qui répondront de cette parole devant l'Histoire, dont le cléricalisme lui-même n'a pas le pouvoir de fausser les jugements. Si le maréchal ne tient pas sa parole, sa réputation cesse d'être immaculée ; et, s'il est vrai que Monck sacrifia jadis la sienne à ce qu'il croyait devoir être le salut de l'Angleterre, c'est précisément à cause de cela que le duc de Magenta, — instruit par un exemple de ce que l'Histoire réserve aux Monck, comme du salut qu'apportent les rois aux nations, — ne consentira jamais à demeurer le détenteur d'un pouvoir dont on n'aura abusé, en son **nom**, que pour aboutir à l'avortement d'une intrigue du genre de celle qui rappela à Londres Charles II pour le malheur de l'Angleterre.

Or, il n'est plus possible aux coalisés de cacher au maréchal qu'il a été opposé par eux à M. Thiers uniquement pour endormir la confiance publique, et parce qu'il leur fallait le temps nécessaire d'obtenir d'une autre dupe, qu'elle le remplaçât à son tour, sous la forme monarchique, au poste dont cette confiance le constituait le gardien sous la forme républicaine. Il faut donc que le maréchal choisisse entre sa réputation et la complicité du renversement d'un état de choses volontairement placé par lui-même sous la garde de son épée.

IV

Le maréchal de Mac-Mahon doit d'autant plus se montrer soucieux de son honneur que les circonstances ont personnifié en lui l'armée reconstituée par M. Thiers — après l'horrible malentendu qui l'avait mise aux prises avec la population parisienne, — de façon à éviter le divorce que nos ennemis de l'extérieur tenaient tant à voir s'accentuer entre nos généraux et l'opinion publique.

Cette armée n'a jamais cessé d'être l'armée de la France. C'est à cela surtout que notre pays doit d'avoir conservé son prestige; et le duc d'Aumale n'a pu faire autrement que de condamner hier, sur les lèvres du maréchal Bazaine, une théorie qui serait mise en pratique par le maréchal de Mac-Mahon, le jour où il favoriserait la division de nos forces régulières, en autorisant toutes les audaces des partis par un concours quelconque aux maquignons d'une monarchie mortellement frappée dans l'origine même qu'ils lui imposent.

On prétend que le maréchal de Mac-Mahon restera l'homme de la France, du moment où la majorité de l'Assemblée nationale absoudra par un vote les manœuvres perpétrées, depuis le vingt-quatre mai, à l'abri d'une parole d'honneur qui l'obligeait à les interdire. — Soit! — Mais si, comme il y a tout lieu de l'espérer, cette ratification fait défaut aux meneurs de l'intrigue bicéphale, n'est-il pas absolument impossible que le maréchal de Mac-Mahon demeure le gardien d'un état de choses compromis sous ses yeux, et l'expose de nouveau à des périls contre lesquels il n'aurait tenu qu'à lui de le protéger une première fois?

Si le maréchal engageait avec lui l'armée dans une telle aventure, c'est lui alors qui placerait l'Assemblée nationale dans l'obligation de rendre définitive une forme de gouvernement quelconque, sans recours préalable au pays, tandis qu'en refusant catégoriquement d'intervenir plus longtemps en faveur d'un parti contre les autres, il peut encore permettre à l'Assemblée nationale de

prolonger la trève de tous, jusqu'à ce que le pays ait claire-
ment chargé ses représentants de donner une forme définitive au gouvernement de la France.

V

Rendue à la saine appréciation des dangers à craindre,
l'Assemblée nationale n'a plus à engager l'avenir, sous la
pression d'indignes manœuvres. Elle a uniquement à remettre d'abord la France en possession du calme dont elle
jouissait quand M. Thiers opposait la politique d'apaisement à la politique de combat.

Il ne s'agissait, avant le vingt-quatre mai **dernier**, de rien
proclamer qui engageât le pays. Il s'agissait tout simplement de régulariser les moyens de le mettre à même de
choisir librement, quand toutes les passions se seraient tues,
l'impulsion qu'il lui plaira d'imprimer à ses destinées.

Pour peu que les véritables conservateurs réfléchis-
sent, ils rendront cette justice à M. Thiers qu'il n'avait alors
d'autre souci que de défendre, contre les impatients de
toutes sortes, le terrain conquis sur eux pour y faci-
liter la réunion des éléments susceptibles de sauvegarder
les intérêts généraux de la France et les intérêts privés de
chacun, sans anéantir les espérances de personne. Les actes
de son gouvernement n'ont jamais eu à ce propos plus
d'ambiguïté que ses déclarations; et c'est aux successeurs

de ses ministres qu'il appartenait de mettre leurs actes en contradiction avec la parole d'honneur de leur chef.

C'est seulement après le vingt-quatre mai que la France a vu renaître ses inquiétudes, et que toutes les fractions saines de l'Assemblée nationale ont dû reconnaître que celles qui n'ont pas été défiées par les auteurs de la chute de M. Thiers ont tout au moins été prises pour dupes, puisque désormais on allait procéder, contre leur vœu formel, à l'anéantissement des espérances du plus grand nombre, par le sacrifice des intérêts généraux et des inté-rêts privés dont le gouvernement de M. Thiers avait eu le respect avant tout.

On peut donc affirmer qu'en replaçant au pouvoir le glorieux élu du pays, c'est sa propre dignité que l'Assemblée nationale venge. Jamais M. Thiers n'a rien fait sans elle. Tout a été fait sans elle depuis qu'il n'est plus là.

VI

Les véritables promoteurs de la dissolution de l'Assemblée nationale ne sont pas en effet les républicains. Ce sont les hommes qui, après avoir semé la défiance entre le pays et la majorité de l'Assemblée par leurs défis à l'opinion, viennent d'ourdir l'intrigue destinée à obtenir des députés une participation inconsciente à leur propre déchéance.

Jamais M. Thiers n'a mis en doute la souveraineté de l'Assemblée nationale. Les meneurs de la coalition ne reconnaissent à l'Assemblée nationale que le droit de s'effacer devant la monarchie. M. Thiers a associé les députés à tous ses actes. Les meneurs de la coalition les somment dédaigneusement de ratifier ce qu'ils ont fait. Nul chapitre de l'Histoire ne saurait être plus glorieux que le chapitre qu'elle consacrera au récit des travaux partagés par M. Thiers avec l'Assemblée, tandis que l'Histoire devra constater la résistance du maréchal de Mac-Mahon à entrer en communauté d'action avec les représentants du pays, sous prétexte qu'il ne veut en être que le bras.

Qui trompe-t-on donc, quand on ose mettre en parallèle la déférence de M. Thiers, se maintenant sans cesse à la disposition de l'Assemblée nationale, avec la réserve constante d'un soldat se proclamant lui-même incapable de rien comprendre à la politique? Croit-on que la France ait perdu le vieux bon sens qu'elle tient de la Gaule, et qui lui a toujours fait distinguer ceux qui l'aiment de ceux qui se croient appelés par la naissance à exiger sa soumission et à considérer comme leur étant dues jusqu'aux faveurs que le hasard leur a prodiguées.

De cinq heures du matin aux heures les plus avancées de la nuit, l'infatigable vieillard qui l'a sacrée reine se tenait aux ordres de chacun des membres de l'Assemblée nationale. Il ne dépend pas du maréchal de faire de même, car la Providence n'est pas, pour la répartition des dons de l'intelligence, aux ordres de l'aristocratie; mais, sans donc faire un reproche au duc de Magenta des bornes imposées par Dieu à ses facultés, il est permis de dire qu'aux yeux de l'Europe il doit paraître étrange qu'une Assemblée qui dispose de M. Thiers ait arraché le maréchal à son camp pour en faire le premier magistrat politique de son pays.

M. Thiers, c'est chacun de nous : c'est l'ouvrier, dont il partage l'activité laborieuse; c'est le négociant, dont il est capable d'apprécier les soucis; c'est l'artiste, dont il est l'égal par le goût; c'est l'écrivain, dont il est le confrère ; c'est le savant, qu'il est à même de comprendre; c'est le soldat, dont il a sauvé le prestige; et c'est, de plus que chacun de nous, l'homme d'Etat respecté de l'univers parce que personne au monde ne peut lui disputer le premier rang.

Il a réparé nos désastres après en avoir averti les auteurs; et c'est à lui que nous devons de pouvoir encore songer à des victoires. Chacun de nous se sent glorifié dans sa gloire, tandis que chacun de nous se sent humilié dans l'impuissance de ses rivaux.

Et pour combler le vide que fait son absence, on remplacerait le duc de Magenta par le protégé de M. Chesnelong, ayant accepté la tutelle de M. d'Audiffret-Pasquier? Que cette dernière satisfaction ne soit pas donnée aux railleurs de la France ; et qu'une Assemblée, issue du suffrage universel le plus largement appliqué, n'abdique pas une seconde fois aux mains de l'impuissance plutôt que d'associer au génie sa bonne volonté.

M. Thiers est l'ami des adversaires de l'ordre ; et c'est lui qui a empêché la Commune de vaincre. M. Thiers est l'ennemi de l'Eglise ; et c'est lui qui, sous l'Empire, a seul défendu la Papauté pendant que le maréchal de Mac-Mahon créait l'Italie ! Ah ! que les conservateurs et les catholiques se rendent bien compte de deux choses : c'est que lui seul peut conjurer le retour de la Commune en cas d'échec de la monarchie ; c'est que lui seul peut encore s'opposer aux empiétements de l'Allemagne protestante, le jour où les carlistes espagnols auront par leurs excès, assuré dans la Péninsule Ibérique, le triomphe de la candidature Hohenzollern.

VII

La fraction de l'Assemblée nationale la plus impatiente de rendre aux meneurs du vingt-quatre mai la monnaie de leur surprise doit être celle dont les membres ont conservé, avec le culte du malheur, l'espoir honorable de rentrer, par un appel direct au pays, en possession de la confiance publique.

Pouvaient-ils croire qu'en facilitant aux coalisés un triomphe dont ils étaient les arbitres, ils n'arriveraient, sous le gouvernement d'un maréchal de l'Empire, qu'à voir improviser, sous leurs yeux, une Monarchie dont la seule pensée est la négation de ce qu'ils ont de plus cher ?

C'est cependant la seule récompense qu'ils aient retirée de l'appoint fourni par eux à la défaite de l'homme qui parait encore, aux plus intelligents de leurs chefs, l'unique conservateur sérieux de toutes les éventualités légitimes.

Au cas où la République reconnaitrait la nécessité d'un symbole, n'est-il pas en effet évident pour eux que rien n'interdit à l'auteur de l'*Histoire du Consulat et de l'Empire* d'admettre des faits dont les républicains les plus exaltés n'écartent plus autant la pensée qu'ils cherchaient à le faire croire avant les défis de la coalition ?

Le terrain du recours au pays n'est pas éloigné de celui de l'appel au peuple. On ne peut même arriver à celui-ci qu'en traversant l'autre.

Si des élections inévitables peuvent avoir lieu dans les conditions de calme que leur garantirait la présence de M. Thiers au pouvoir, les bonapartistes seront à même de faire triompher un assez grand nombre de leurs candidats pour exercer, dans la nouvelle Assemblée, une influence à la hauteur de leur ambition et du talent de beaucoup d'entre eux.

Il ne saurait en être ainsi sous la monarchie bâtarde qu'on médite de nous imposer, si tant est qu'elle songe jamais à consulter sérieusement le pays, ni sous la Présidence d'un homme politique quelconque ayant pris envers son parti les engagements que M. Thiers n'a pris et ne veut prendre qu'envers la France.

VIII

Pour des motifs non moins puissants, les membres de la fraction que M. Target a entraînée, au nom de la République, à renverser le seul homme qui puisse, sans secousses, la fonder en France, si elle n'y est pas impossible, ont dû comprendre, dès le vingt-cinq mai, dans quel but M. Buffet n'a voulu laisser à personne le temps de la réflexion.

Les hommes honorables qui composent cette fraction de l'Assemblée ont, avec la bourgeoisie, des intérêts communs que menace plus particulièrement une restauration des priviléges dont elle s'est affranchie par quatre-vingts ans d'une lutte qui lui a coûté son sang le plus pur. Or, en cas de triomphe de l'intrigue qu'ils ont involontairement servie, c'est sur eux que la bourgeoisie ferait retomber la responsabilité de la perte de ses droits; et si cette intrigue était vaincue par la force, c'est à eux encore que la bourgeoisie attribuerait justement les excès que la présence de M. Thiers au pouvoir peut seule conjurer.

Comment ne s'empresseraient-ils donc pas de dégager leur responsabilité devant leurs pairs, en protestant contre une surprise nouvelle, et en facilitant au pays le moyen de se recueillir avant de se prononcer?

Conservateurs par excellence, ils doivent comprendre enfin que c'en serait fait de tout ce qui sauvegarde les intérêts de la France moderne, si la monarchie cléricale venait remettre en question les conquêtes du Progrès, ou si la Révolution provoquée reprenait sa marche sans tenir compte de ces conquêtes.

Des hommes tels que M. Denormandie n'accepteront volontiers ni la responsabilité du rétablissement de la monarchie cléricale, ni la responsabilité de la guerre civile. C'est vainement que les meneurs de l'intrigue affirment, avec un sourire, qu'ayant déjà sauté, les bourgeois sauteront encore. Les meneurs s'abusent sur le caractère de ces honorables députés, d'autant mieux à même de réparer courageusement une erreur, qu'ils sont, en réalité, plus indépendants par leur situation et par leur fortune.

On a pu les tromper, en abusant de leur probité; on ne les achètera pas plus que ces membres du centre gauche dont on affirme avoir payé la défection. La forme dans laquelle M. Target a dû motiver son opinion pour les entraîner, leur offre du reste l'occasion toute naturelle de confondre ceux qui les prirent pour dupes, sans rien changer à la déclaration qui a précédé leur vote.

IX

Mais nous n'en appelons pas seulement au patriotisme et au bon sens des véritables conservateurs, en même temps

3

qu'à l'intelligence politique et aux intérêts des serviteurs de l'Empire. Nous en appelons aussi aux hommes convaincus des fractions légitimistes et orléanistes de l'Assemblée nationale, eux-mêmes, car les coalisés viennent, en quelques semaines, d'ébranler et de compromettre des principes, dont le gouvernement de M. Thiers avait, au contraire, respecté les espérances et rendu possible l'exposé intact quand serait venue l'heure du recours au pays.

Nous pourrions également invoquer, à l'appui de notre thèse, la différence que tout le monde constate entre la situation de la France avant le 24 mai et celle qui lui a été faite depuis ; mais qui oserait contester cette différence ?

Au calme a succédé l'inquiétude ; à l'apaisement, le combat ; à la confiance, le doute ; à l'espoir, le découragement. Il est vrai que M. de Broglie est ministre et que M. d'Audiffret-Pasquier est en passe de le devenir.

L'ordre moral règne. A qui le persuaderez-vous ? Le nombre des hétaïres s'est plus augmenté que celui des pèlerinages ; et l'effondrement inévitable de nos grandes sociétés de crédit vous apprendra pour quelles raisons leurs directeurs tiennent tant à jouer une dernière carte sur le tapis vert de la monarchie.

La France est livrée aux inspirations du *Figaro* ; c'est de M. de Villemessant que l'ordre moral reçoit son impulsion, quand le célèbre farceur ne laisse pas à M. Xavier Eyma le soin d'apprendre aux Français ce qu'ils ont à faire pour lui être agréable. Le méprisable et le grotesque tiennent parade devant l'odieux, en attendant qu'on fasse un pair de France de l'ancien directeur du *Lampion*.

X

Il existait, avant le vingt-quatre mai, une fraction respectable de l'Assemblée nationale, proclamant, avec un prince demeuré digne de sa race, la légitimité de droits, dont on pouvait écarter à jamais l'exercice, mais devant l'existence desquels chacun était disposé à s'incliner jusqu'à ce que leur symbole s'éteignît.

Qu'ont fait de cette fraction les meneurs des coalisés, sinon l'appoint de leurs calculs et la dupe de leur ambition ? Ils l'ont contrainte à mettre dans la poche de ses membres le drapeau qui était sa raison d'être, et à s'incliner devant la Révolution, sous prétexte d'en arrêter l'essor.

Lorsque l'heure du recours au pays, préparée par M. Thiers, aurait sonné, la France assurément ne se fût pas démentie, mais elle se fût souvenue de la présence des légitimistes sur les derniers champs de bataille républicains, tandis que, provoquée aujourd'hui, en leur nom, dans son orgueil et dans ses intérêts, elle est autorisée, par le mépris qu'ils font eux-mêmes de leur drapeau comme de leurs principes, à ne plus tenir compte ni de leurs élans patriotiques ni de l'autorité morale dont on a fait litière à l'avide ambition des héritiers de Louis-Philippe.

C'en est fait à jamais du prestige de la légitimité, si l'intrigue qui la compromet est vaincue; mais c'en est fait bien plus encore de ses droits, si cette intrigue aboutit. Tandis qu'en permettant à M. Thiers de tenir de nouveau entre tous la balance égale, les membres convaincus de la fraction légitimiste réserveraient ces droits et sauveraient ce prestige; tandis qu'en permettant à M. Thiers de faire paisiblement l'essai loyal qui répond aux aspirations du génie moderne de la France, ils n'interdiraient pas désormais à leur prince le seuil de Chambord et à eux-mêmes toute participation aux affaires publiques; tandis qu'en ne laissant pas d'obscurs intrigants se servir de leur nom pour provoquer le pays, ils n'exposeraient pas leur parti à en courir de nouveau la responsabilité de la guerre civile.

Si le comte de Chambord ne s'endort pas avec les respects de la France dans les plis du drapeau dont on veut effacer la blancheur avec notre sang, c'est aux auteurs du vingt-quatre mai qu'il le devra et non à M. Thiers. Que ses partisans sincères se le tiennent pour dit, avant de laisser un marchand de saucissons livrer aux chances d'une surprise la couronne et le drapeau de saint Louis.

XI

Le vingt-quatre mai n'a pas porté de moins rudes coups aux membres honorables et convaincus de la fraction orléaniste qu'à ceux de la fraction légitimiste.

Animés de sentiments que M. Thiers partagerait peut-être encore, s'il ne s'était aperçu à temps qu'ils manquent de sérieux symboles, les membres de la fraction orléaniste pouvaient conserver l'espérance de voir un des princes qu'ils aimaient ressaisir, sur l'esprit de la France, une influence qui puisait sa raison d'être dans le respect des conquêtes de la Révolution.

Qu'ont fait les meneurs de la coalition de ces sentiments et du mobile qui les inspirait?

Ils ont brodé sur le drapeau de Juillet les fleurs de lys de la Restauration ; et, en contraignant les fils de Louis-Philippe à aller solliciter du comte de Chambord le pardon de leur père, ils ont anéanti l'existence du parti que la fraction orléaniste représentait.

Or, les membres éclairés de cette fraction peuvent-ils croire qu'en dehors des princes admis à récipiscence, il y aura place, à la Cour du nouveau Roi, dans ses conseils et dans les emplois dont on disposera en son nom, pour un seul des hommes qu'on supposera animés encore des sentiments dont M. Thiers avait à un si haut degré conservé le respect? Ce serait faire preuve d'une naïveté qu'exclut le talent de la plupart d'entre eux.

Les princes d'Orléans, devenus les premiers sujets du roi absolu, seraient les plus impitoyables contre tout ce qui leur rappellerait ce qu'ils considèrent aujourd'hui comme une période à rayer de l'Histoire, car il est sans

exemple, depuis Richelieu, qu'un prince de la maison d'Orléans n'ait pas livré ses alliés de la veille, en échange du pardon sollicité au prix de leur abandon.

Sous le gouvernement de M. Thiers, les orléanistes trahis
deviennent naturellement le noyau du parti dont M. Gam-
betta est le premier à désirer l'organisation, comme contre-
poids aux impatiences des républicains avancés. Si, au
contraire, ils se rendent impossibles pour la France, en
courant eux-mêmes au-devant des déceptions que la Royauté
leur ménage, non seulement ils seront écartés par leurs
princes, en cas de triomphe de la coalition, mais ils seront
accusés par ceux-ci de ne pas leur avoir à temps fait échec,
dans le cas où l'intrigue aboutirait à la confusion d'espérances que le retour de M. Thiers au pouvoir n'anéantit
pas.

XII

Quant aux diverses fractions républicaines, dont les plus
exaltées semblent enfin mériter, par leur sagesse, la récompense prophétiquement offerte par M. Thiers au parti le
moins exclusif et le plus patient, avons-nous besoin de faire
ressortir l'intérêt qu'elles ont à ne tomber dans aucun des
piéges, qu'en cas de défaite des coalisés, on cherchera à
multiplier sous leurs pas pour désagréger leur unité ?

C'est précisément parce que M. Thiers ne veut pas d'une

proclamation vaine de la République et s'obstine à en subordonner l'existence au respect des intérêts conservateurs, que toutes ces fractions de l'Assemblée nationale doivent lui rendre le pouvoir, afin de bien établir leurs tendances conciliatrices en rassurant tout ce qu'on alarme, en contenant tout ce qu'on provoque.

Que les membres des fractions républicaines se défient donc des motifs qui ont poussé certains journaux à mettre en avant certains noms, dès qu'ils ont appris qu'à la réunion de l'Assemblée, le maréchal de Mac-Mahon aura le bon esprit de s'affranchir brusquement de la responsabilité qui commence à l'envahir. Ces journaux ne veulent d'un républicain accentué à la tête du pouvoir que pour compromettre la République, avant qu'elle ait eu le temps d'absorber, selon ses vœux, les individualités honorables que le spectacle écœurant du maquignonage monarchique détachera assurément des partis disloqués par lui.

Le triomphe exclusif des fractions républicaines, les poussant à ne tenir aucun compte des appoints que vont fournir à la cause de la France les autres fractions de l'Assemblée, serait un mal aussi grand pour le pays que l'a été le triomphe exclusif des meneurs du vingt-quatre mai. Ce dont il ne faut pas, c'est d'une explosion dans un sens quelconque, car, au-delà de cette explosion, il n'y a de possible que la guerre civile et de malheureusement probable que le démembrement.

Voilà pourquoi nous désirons tant qu'aux manœuvres

éventées des meneurs du vingt-quatre mai, l'Assemblée nationale réponde simplement en reconstituant, par un vote, le seul gouvernement qui puisse imposer à l'Europe le respect de la France, et préparer le recours au pays, sans troubler le calme dont il l'avait fait jouir et qu'il rétablira par son retour.

Les fractions républicaines doivent surtout tenir à faire preuve d'un tout autre esprit que celui dont sont animés les meneurs de la coalition. — « Périsse la France, disent ceux-ci, plutôt que de ne pas être monarchique! » — « Que la France vive avant de s'affirmer républicaine! » doivent leur répondre les républicains, devenus de cette façon les véritables conservateurs, en face de la tourbe qui s'est insurgée contre l'ordre de choses régulier, au nom d'appétits qui ne prennent même plus la peine de déguiser leur avidité.

XIII

L'Assemblée nationale a dans les mains le salut du pays; et quand nous disons que M. Thiers sauvera la France, c'est parce que nous avons le plus ardent désir qu'il redevienne l'expression de l'autorité de l'Assemblée, et qu'il en rende l'existence possible jusqu'à ce que l'ordre de choses actuel soit régularisé. Infailliblement tous ceux des députés actuels qui auront marché avec M. Thiers, et répondu ainsi aux vœux du pays, sont certains d'être réélus membres de l'Assemblée nouvelle, et de contribuer de la sorte au développement de l'œuvre dont l'Assemblée actuelle ne peut poser les bases qu'avec lui.

Seul, du reste, M. Thiers peut prolonger l'existence de l'Assemblée nationale actuelle. Il n'est pas probable en effet qu'un Monarque, tenant à conserver intacte son initiative, laisse vivre, à Versailles, une Assemblée dans le sein de laquelle trois cents républicains se lèveraient chaque jour pour protester contre sa présence. Il est certain, d'un autre côté, que si l'audace de l'intrigue monarchique avait pour résultat de produire un mouvement qui débordât M. Thiers, les exaltés vainqueurs ne laisseraient pas vivre une Assemblée dans le sein de laquelle trois cents monarchistes se lèveraient chaque jour pour protester contre eux.

En dehors de M. Thiers, l'Assemblée nationale n'a donc qu'à attendre sa dissolution immédiate de l'homme qui remplacera au pouvoir le maréchal de Mac-Mahon. Est-ce cela qu'elle veut ? Nous ne le croyons pas ; et nous ne croyons pas davantage que le pays doive le vouloir ; mais c'est ce qu'ont assurément voulu les meneurs de la coalition. Ils n'en font pas du reste mystère. L'un d'eux, à qui nous demandions ce que deviendraient les députés après l'avènement du roi, nous demandait à son tour en souriant ce que Bertrand a toujours fait de Raton, et ce qu'après juin 1848 la réaction fit des mobiles.

Il n'y a de solution admissible que le retour de M. Thiers. Tout le reste remet en question ce à quoi l'Assemblée nationale doit tenir le plus : la possibilité pour elle d'accomplir un mandat qui n'est limité que par la régularisation d'un appel suprême à la France.

La monarchie votée à une majorité infime, c'est l'anarchie prochaine; et ce serait aussi l'anarchie prochaine, la monarchie vaincue autrement que par la légalité. Or, il n'y a qu'un homme qui puisse permettre à la légalité de vaincre, parce qu'il est à la fois l'expression du génie moderne de la France, et le résumé de l'expérience acquise par le pays depuis quatre-vingts ans. Cet homme, c'est M. Thiers.

Que les membres honorables de toutes les fractions de l'Assemblée nationale prennent la peine de comparer à M. Thiers les auteurs de sa chute, ou ceux qui s'opposent à son retour, et ils ne tarderont pas à reconnaître la nécessité de faire de nouveau violence à son amour de la retraite pour le contraindre à reprendre et à terminer avec eux son œuvre.

Écrivains tarés, intrigants sans valeur, ambitieux déçus, fruits secs de toutes les carrières, spéculateurs éhontés, généraux impatients d'imposer silence à l'Histoire, hommes d'État qui ont fait de nous la risée du monde, capucins ayant sous leur froc la cuirasse des assassins de Coligny, voilà quels sont à la fois les ennemis de M. Thiers, et en réalité ceux des principes qu'ils exploitent pour mettre la main sur le pouvoir, dont ils ne sauront que faire, et dont on serait heureux de les voir s'emparer pour constater leur indignité, si cette expérience ne devait replonger le pays dans un abîme de maux.

Toute la conduite de ces plats intrigants se résume dans l'inqualifiable défi qu'ils ont osé porter l'autre jour au bon sens public en chargeant le moniteur du proxénétisme d'annoncer *urbi et orbi* pour le lendemain, sur le compte de M. Thiers, des révélations telles qu'en demeurant son ami on devait être comparable à l'homme demeurant de bonne volonté le camarade d'un forçat. Le lendemain on se précipitait sur le numéro annoncé ; et l'on pouvait se faire une idée de ce que serait le gouvernement qui résulterait du travail souterrain de pareils conjurés.

XIV

Supposons un instant qu'une surprise nouvelle réussisse, grâce à l'emploi de moyens sur le choix desquels les meneurs de la coalition ne seront jamais embarrassés par leur conscience. Il est malheureusement certain qu'alors il se produira dans le pays des troubles ayant pour effet de motiver la répression sanglante sur laquelle on compte pour dissoudre, en cas de succès, l'Assemblée nationale, et se débarrasser ainsi des engagements qu'on daigne prendre envers elle.

Si la répression triomphe, c'est le règne d'une terreur, ayant pour mobile des appétits insatiables et les passions aveugles du cléricalisme. Les membres de l'Assemblée sont-ils disposés à accepter la responsabilité de cette terreur jusqu'à ce que le renversement inévitable du gouvernement

absolu les livre aux colères d'une nation poussée à l'a-
narchie par l'éventualité d'un démembrement?

Si, au contraire, la répression échoue et que la Providence
arrache encore notre pays aux conséquences des provoca-
tions dont il est l'objet, quelle existence immédiate se pré-
parent les dupes des coalisés? L'expatriation est le plus
doux sort qu'ils aient à attendre de l'avenir. Ils n'auront
échappé en France aux atteintes de la réprobation
publique que pour être montrés au doigt, sur tous les
points de l'Europe où ils chercheraient un abri, comme
ayant voulu livrer leur patrie aux adversaires de la civilisation moderne.

C'est qu'en effet les meneurs de la coalition ne peuvent
invoquer, pour justifier leur audace, que leur haine de cette
civilisation, puisqu'au moment où ils ont commencé leur
campagne, il s'agissait uniquement pour M. Thiers de
régulariser l'exercice des droits qui permettraient à tous les
partis d'entrer en lice sur le pied de la plus complète
égalité.

Qu'ont-ils fait de ce pouvoir qu'ils accusaient M. Thiers
d'employer à autre chose qu'à maintenir l'ordre et à réorga-
niser la France? Ils l'ont employé à la satisfaction de leurs
rancunes, à la réussite de leurs manœuvres, à paralyser
toutes les sources vives de notre régénération, si bien qu'à
l'entrée de l'hiver de 1873 on en est à regretter l'hiver de
1872, attristé cependant par la présence de l'ennemi sur
notre sol.

Pour s'en convaincre, nos députés n'ont qu'à interroger successivement des électeurs appartenant à toutes les classes de la société, à l'exception du petit nombre d'écrivains et d'agents sur le front desquels on peut lire le chiffre du prix dont on les a payés: le capitaliste est aussi mécontent que l'ouvrier; le commerçant ne trouve plus à escompter ses valeurs ; et, quant au soldat, les regards tournés vers le drapeau de Hoche et Bonaparte, il se dit que ce n'est pas pour le voir ainsi profaner que l'armée a triomphé de la Commune. Les échos de Versailles ne sont pas tellement sourds qu'ils ne lui aient redit le mâle langage tenu par le héros de Saint-Privat au blessé de Sedan : Pour l'ordre, nos généraux ont tout sacrifié; par une intrigue ils ne risqueront pas leur honneur.

XV

Ce que doit vouloir l'Assemblée ; ce que veut le pays avec elle, c'est le repos dont il jouissait avant le vingt-quatre mai; c'est la cessation des atteintes violentes qu'on y porte, au nom de principes sur le compte desquels il est prêt à se prononcer, dès qu'on les aura cru assez forts pour accepter qu'il les discute.

Il tient à ce qu'on ait recours à lui, et il a le droit d'y tenir, car il répond, depuis trois ans, aux appels qu'on lui fait avec une dignité calme contre laquelle rien ne saurait plus prévaloir. Rendu majeur par des infortunes dont il a seul

supporté le poids et acquitté la rançon , il n'a pas plus
besoin qu'on lui impose une morale qu'une politique, enten-
dant au contraire choisir celles qu'il croira les plus propres
à lui former des citoyens, capables de le reconstituer tel qu'il
était avant ses désastres.

Le pays ne veut pas admettre surtout qu'on ait fait à
l'Assemblée nationale l'injure d'escamoter un vote, soi-
disant destiné à lui rendre un pouvoir dont elle avait l'en-
tier exercice, uniquement pour la proroger d'un trimestre;
et que, ce trimestre employé à des intrigues dont on prétend
lui imposer les résultats, on vienne lui enjoindre de mettre
fin à sa vie, sous prétexte d'affirmer sa souveraineté.

Le pays ne veut pas admettre que rien d'acceptable et
d'honorable ait pu se faire loin de la lumière de la tribune;
et il se dit que, si ce que l'on a fait n'était pas criminel, on
ne se fut pas caché pour le faire. Il sait que le général Chan-
garnier, par exemple, n'a porté à Henri V qu'un concours
dont n'a pas voulu l'Impératrice; et il se demande ce que
peut valoir ce concours ambulant dont la sénile impatience
se précipite de Chislehurst à Frohsdorff, après avoir jadis
frappé vainement à la porte du Gouvernement provisoire.

Les provocateurs du pays, le convient, chaque jour, à
l'extermination de la majorité de ses enfants. Il tient à n'en
frapper et à n'en proscrire aucun, mais à les protéger tous ;
et, comme il sait qu'il ne peut exercer cette protection qu'autant qu'il retrouvera sa puissance dans le calme, il maudit
qui le trouble, et déteste qui le défie, n'ayant au contraire

que des trésors de bonne volonté à la disposition de l'homme
et de l'Assemblée, qui refuseront de subordonner son avenir
aux égoïstes volontés d'une coalition sans vergogne.

XVI

Tous les malheurs de la France, proviennent des sur-
prises dont elle a été la victime. Voilà pourquoi son cœur
et son esprit sont avec l'homme qui n'entend rien tenter
et ne rien laisser tenter sans recourir à elle.

Pendant plus de deux ans, le pays a vu M. Thiers ne se
préoccuper que de la réorganisation de son armée, de ses
finances, de son commerce et de son industrie. Chacun
alors renaissait à l'espoir, mais, depuis que M. Thiers a
été renversé, sous prétexte qu'il refusait de sacrifier un
parti aux autres, le pays a vu les vainqueurs négliger la
réorganisation entreprise, pour se livrer exclusivement à
l'anéantissement de l'ordre de choses auquel est due la
libération du territoire. Voilà pourquoi le pays s'est pris,
pour M. Thiers, d'un grand amour; et il est indubitable
qu'avant tout, il demande à l'Assemblée nationale de lui
rendre le pouvoir, si elle tient à ne pas partager, avec
les provocateurs de la France, la responsabilité des malheurs qu'ils veulent, puisqu'ils s'en réjouissent déjà !

XVII

Nous en avons dit assez pour que les membres convaincus de toutes les fractions de l'Assemblée nous comprennent; pour que leurs électeurs s'efforcent de nous seconder, en poussant leurs élus à réparer le mal ; pour que le maréchal de. Mac-Mahon se dégage à temps du piége où son honneur est pris.

Républicains, bonapartistes, légitimistes, orléanistes, tous sont compromis ou menacés dans leur honneur, dans leurs intérêts, dans leur existence par la tourbe sans principes qui s'est successivement offerte à tous les partis, et qui n'a fait de la couronne de France une coureuse de rues, que pour la contraindre à leur rapporter le matin le produit de sa course nocturne.

Républicains, bonapartistes, légitimistes, orléanistes de bonne foi, tous sont également intéressés à ce que le recours au pays soit entouré de garanties honorables, parce que seul il peut nous sauver.

Or, M. Thiers étant le seul homme capable de présider à ce recours, il est évident que tous les partis doivent le remettre à même de sauver la France, et de la protéger, par sa présence, contre la plus détestable et la plus honteuse des intrigues : celle qui pousse inévitablement à la guerre civile et au démembrement du pays.

Les réflexions que nous venons de faire sont dans l'esprit de tous les membres de l'Assemblée nationale, ayant à la fois l'amour du pays et le respect d'eux-mêmes ; mais les meneurs de l'intrigue honteuse comptent, pour en neutraliser l'effet, sur la répugnance qu'éprouvent généralement les hommes à convenir qu'ils ont été injustes, et les Assemblées à se déjuger.

Ils se trompent, cette fois.

Entre M. Thiers et l'Assemblée nationale, il n'y a pas eu rupture ; il y a eu séparation momentanée pour divergence d'opinions sur un point que les meneurs se sont chargés de trop éclairer pour qu'il demeure obscur.

Ne voulant pas être plus longtemps dupe, pourquoi l'Assemblée hésiterait-elle à rappeler au pouvoir l'homme qui s'est si noblement effacé devant elle pour lui permettre de se convaincre, par expérience, de la sincérité de ses avertissements ?

On reproche à M. Thiers d'avoir manqué d'énergie le vingt-quatre mai. L'Assemblée nationale sait bien que, si ce jour-là son énergie s'est tue, c'est qu'il ne veut rien faire qu'avec elle. Comptée depuis trois mois pour rien, elle sait aussi que par lui elle sera de nouveau comptée pour quelque chose.

Voilà pourquoi elle le rappellera, comme on rappelle un vieil ami dont on a eu le tort de ne pas écouter les conseils, ou plutôt pourquoi elle se jettera dans ses bras en criant : — « Sauvons ensemble cette France, que nous aimons comme vous l'aimez, et que nous ne laisserons jamais devenir la proie du plus offrant et dernier enchérisseur. »

M. Thiers alors sauvera la France de l'anarchie et du démembrement, au nom de l'Assemblée nationale qu'il avait faite souveraine, et qui ne peut redevenir sérieusement souveraine que par lui et avec lui.

Boulogne (Seine. — Imp. JULES BOYER et Cie. — Adm. rue Neuve-St-Augustin, 11, à Paris.